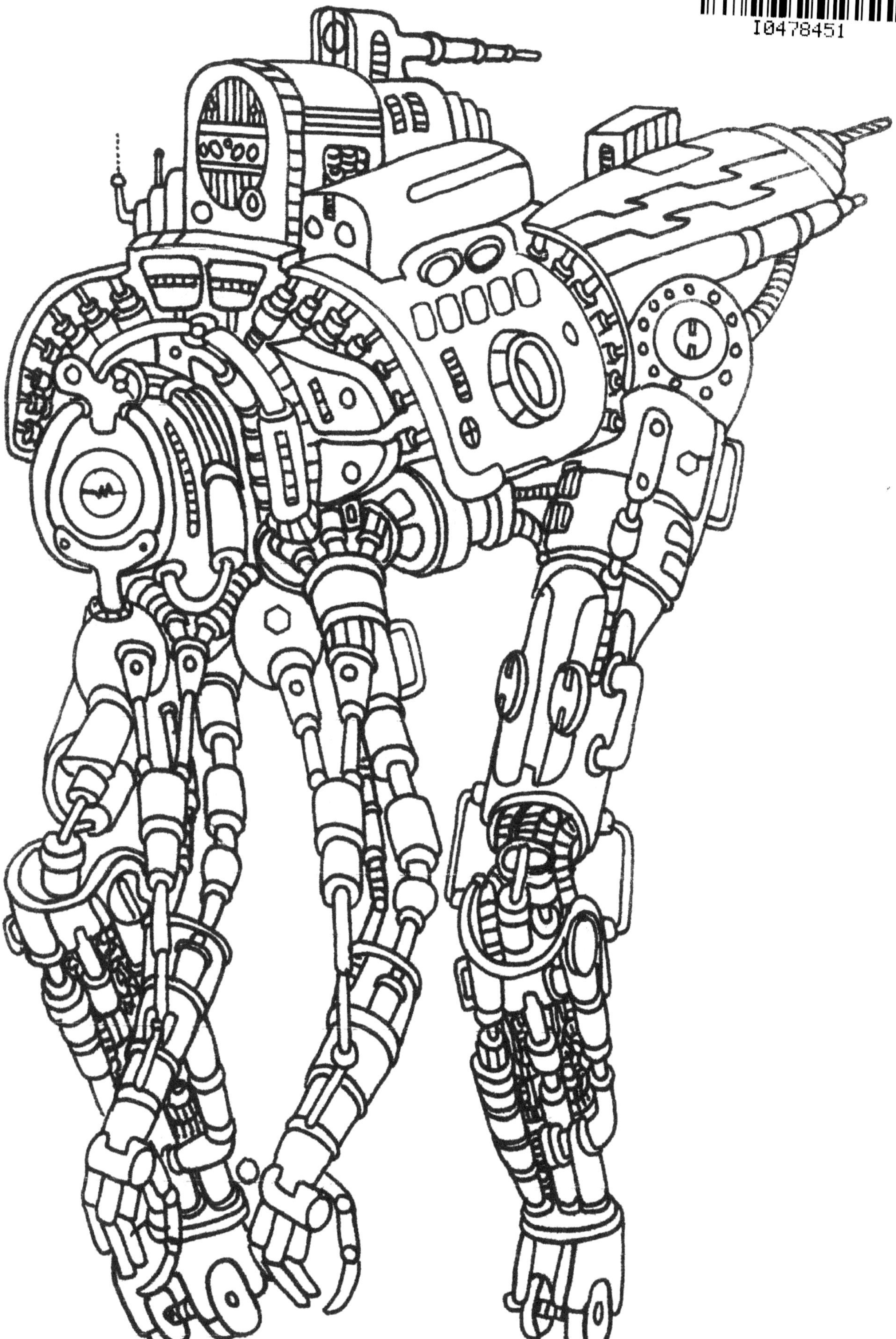

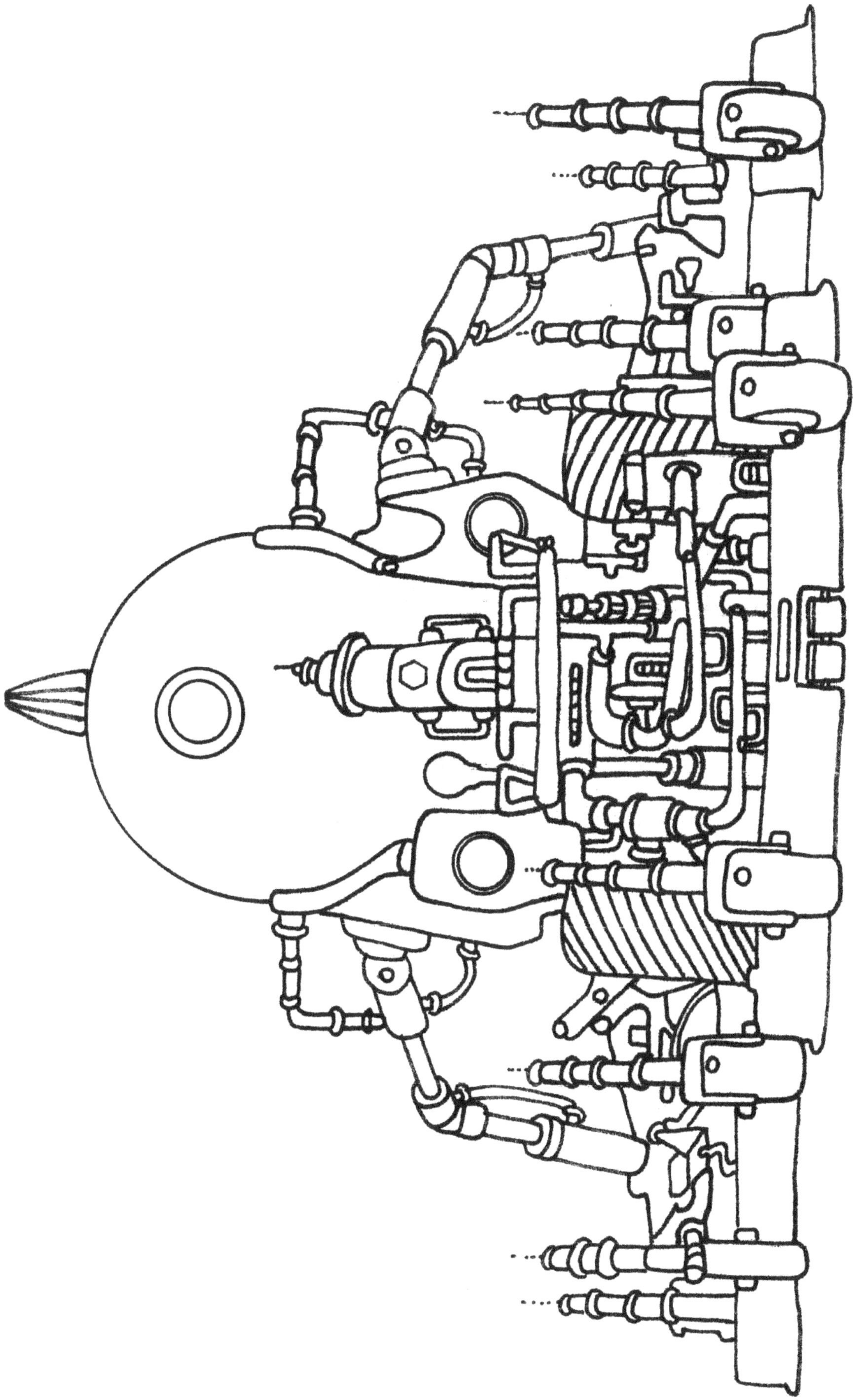

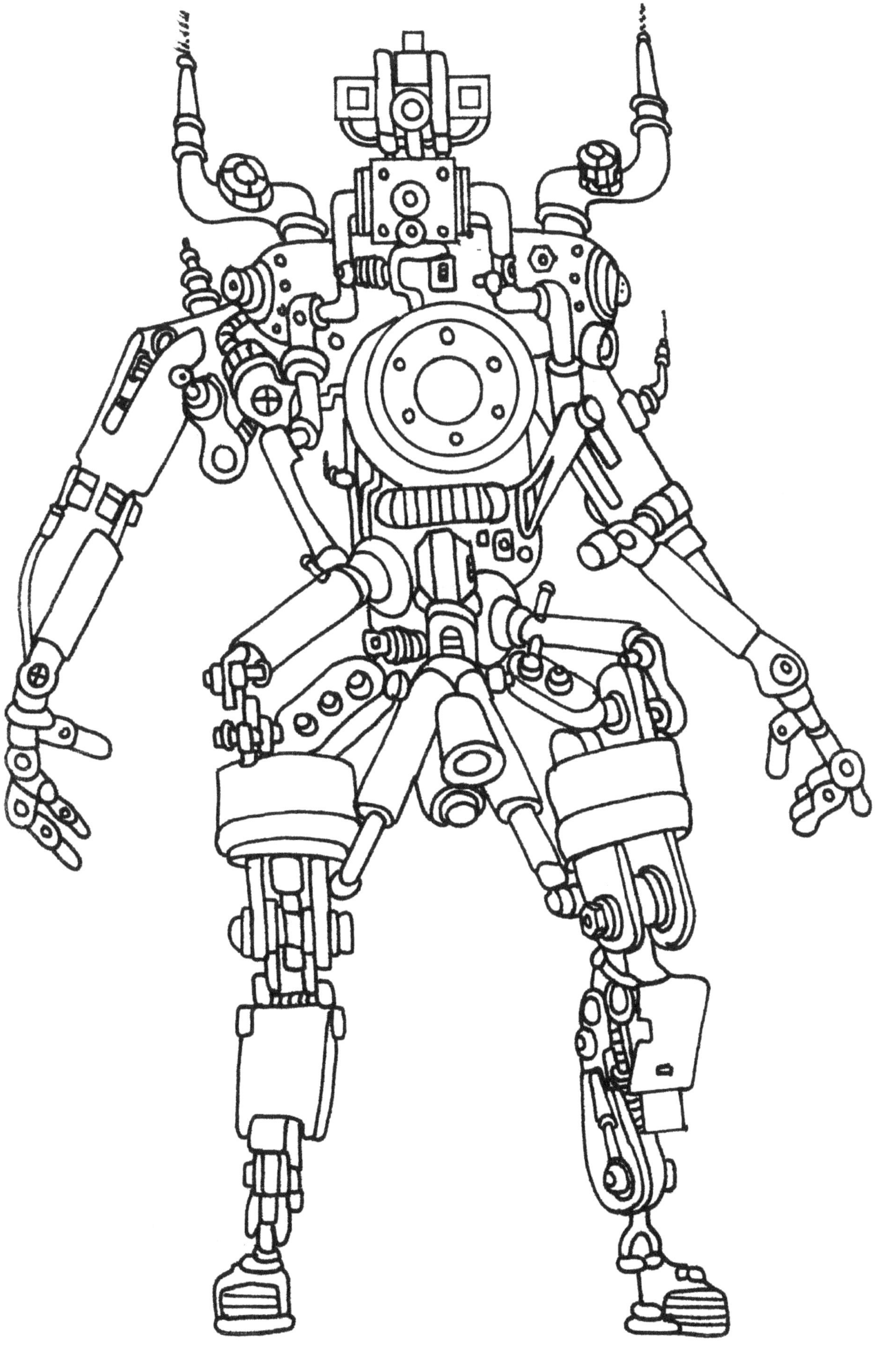

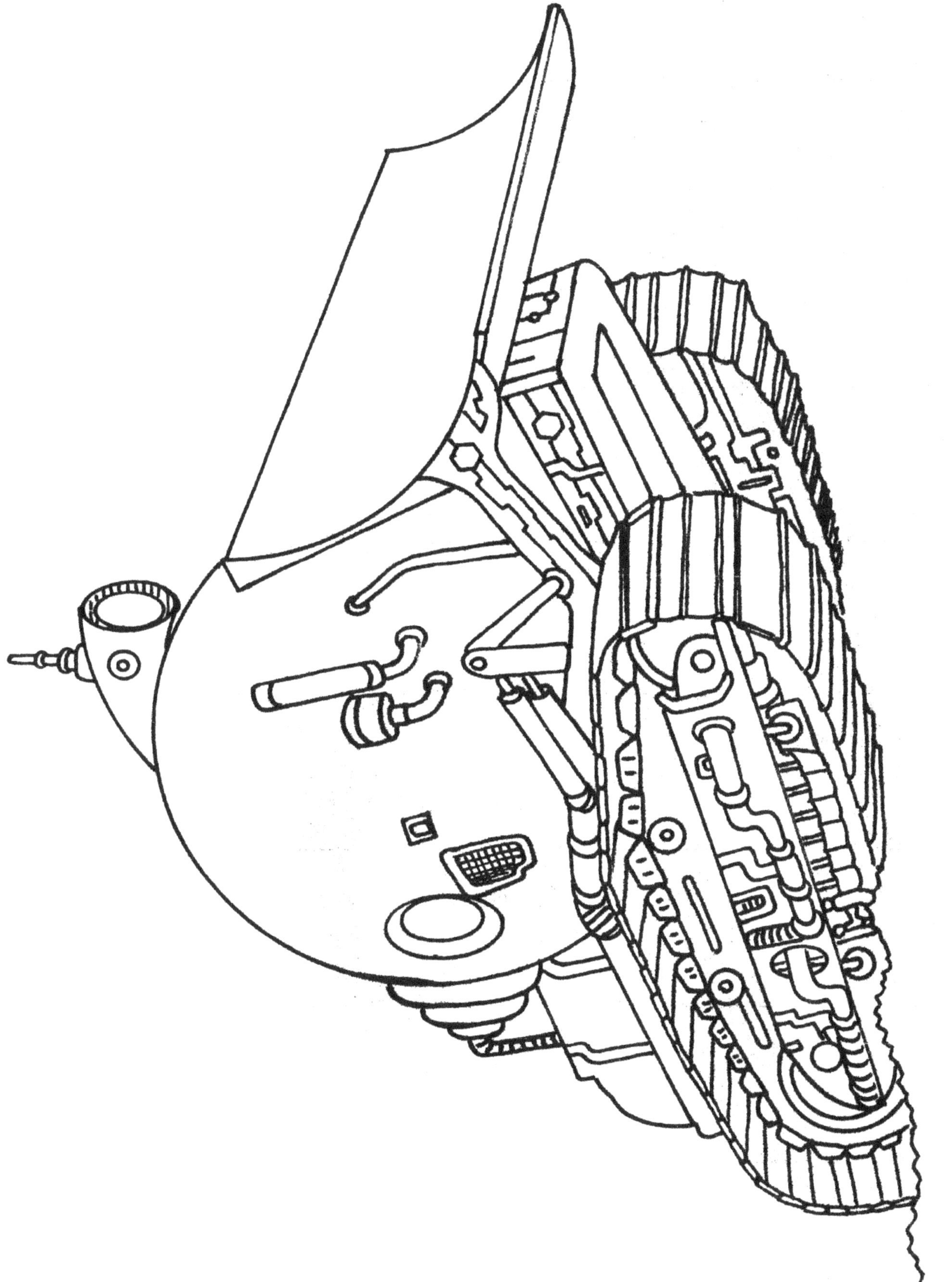

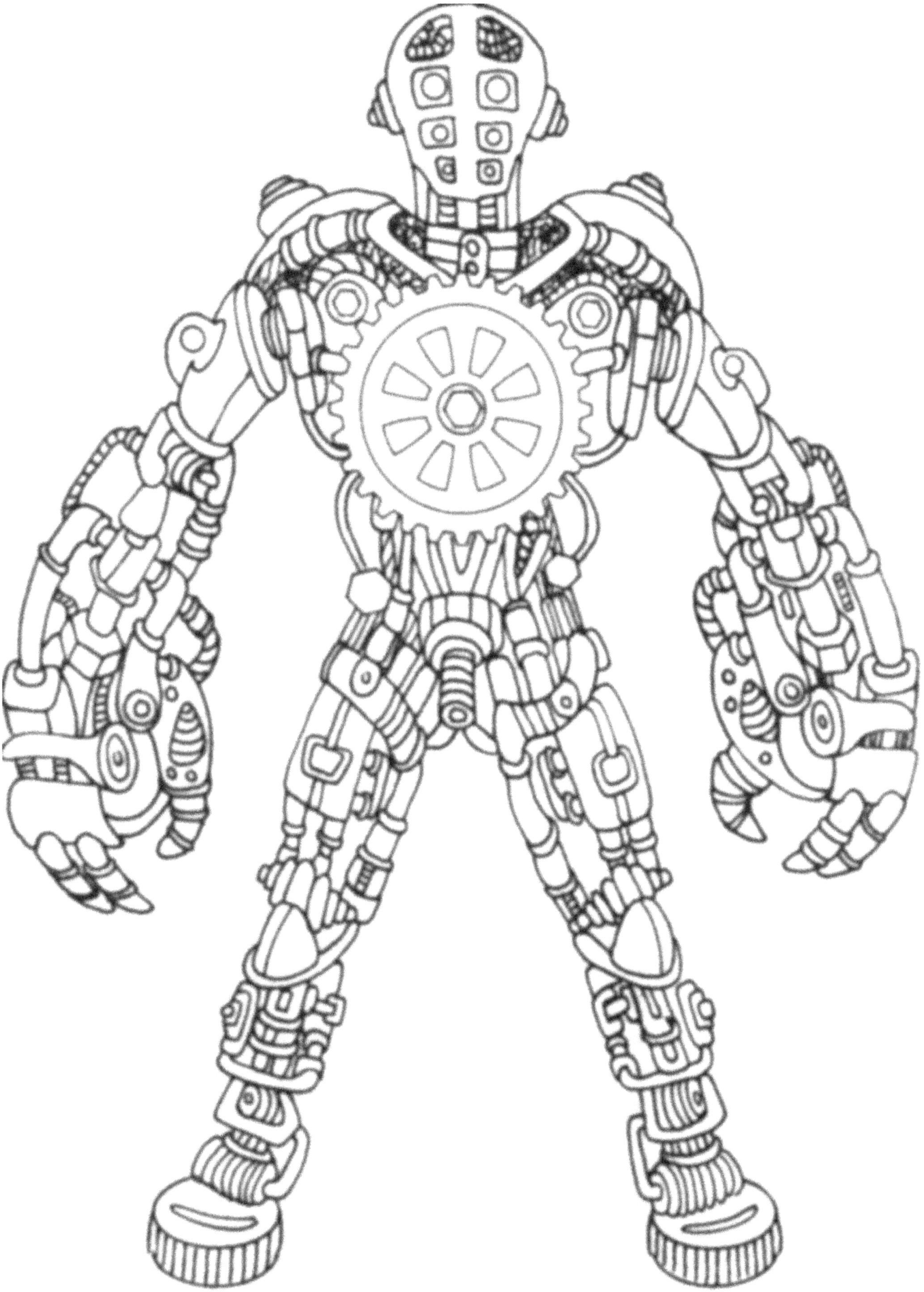

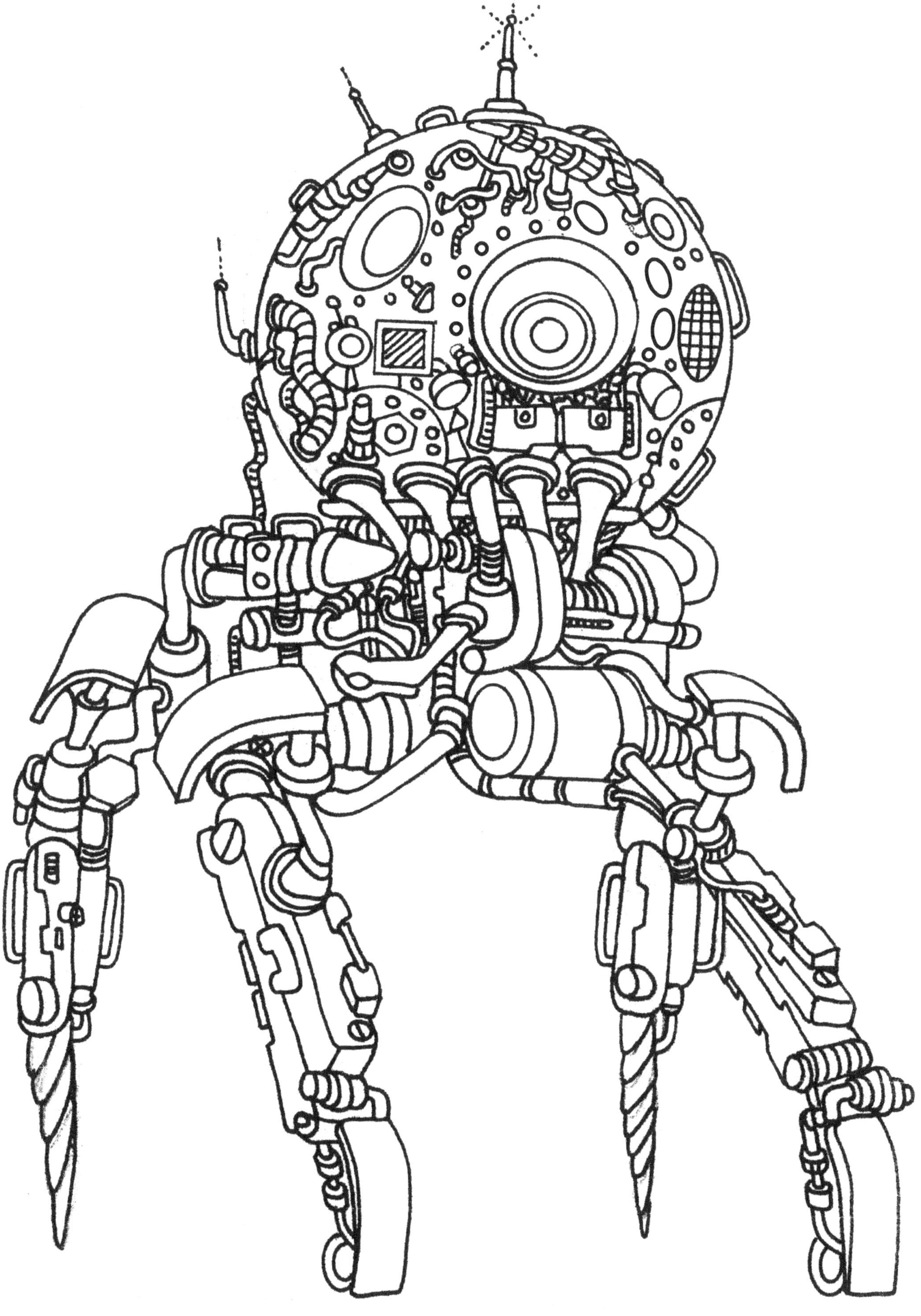

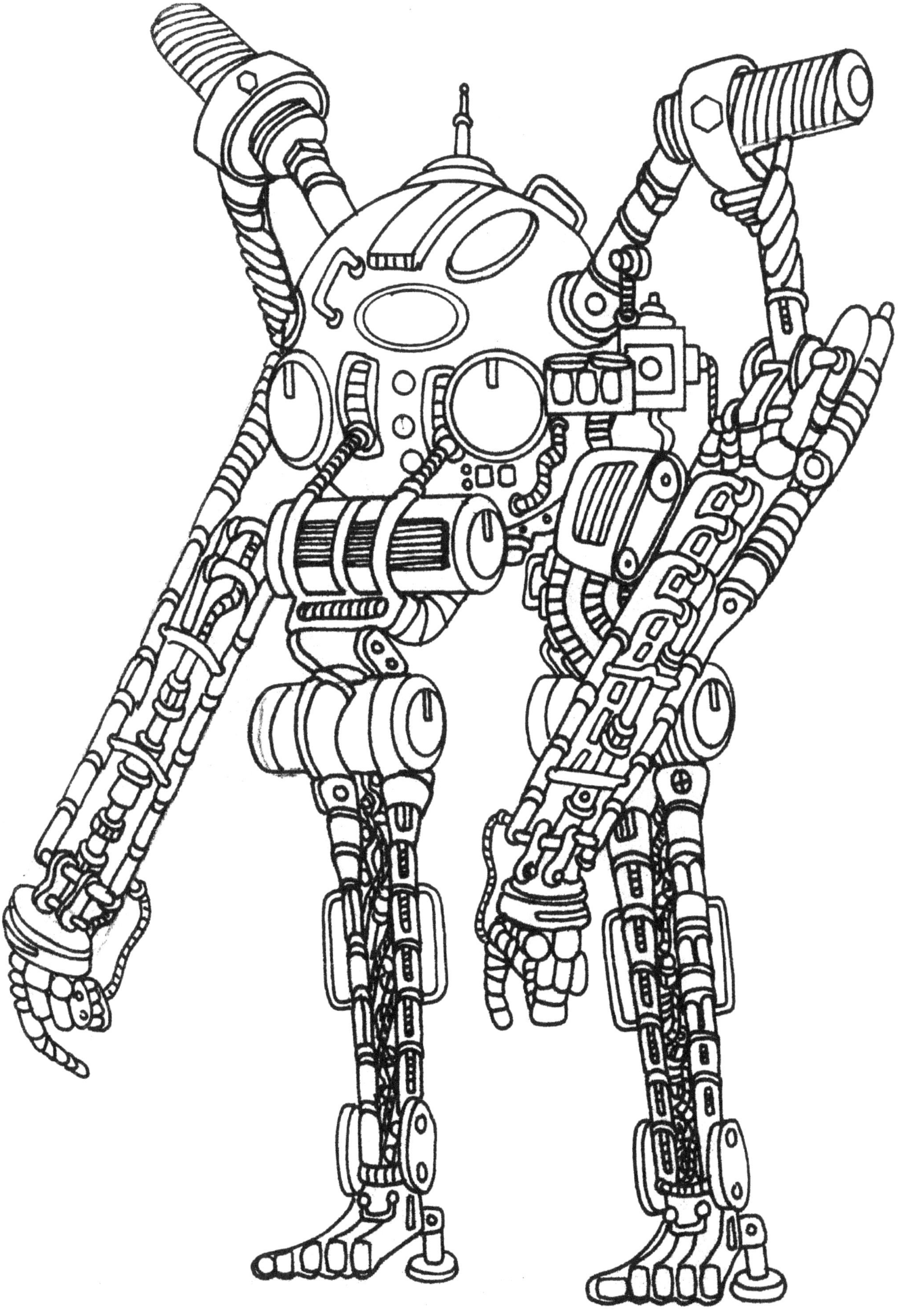

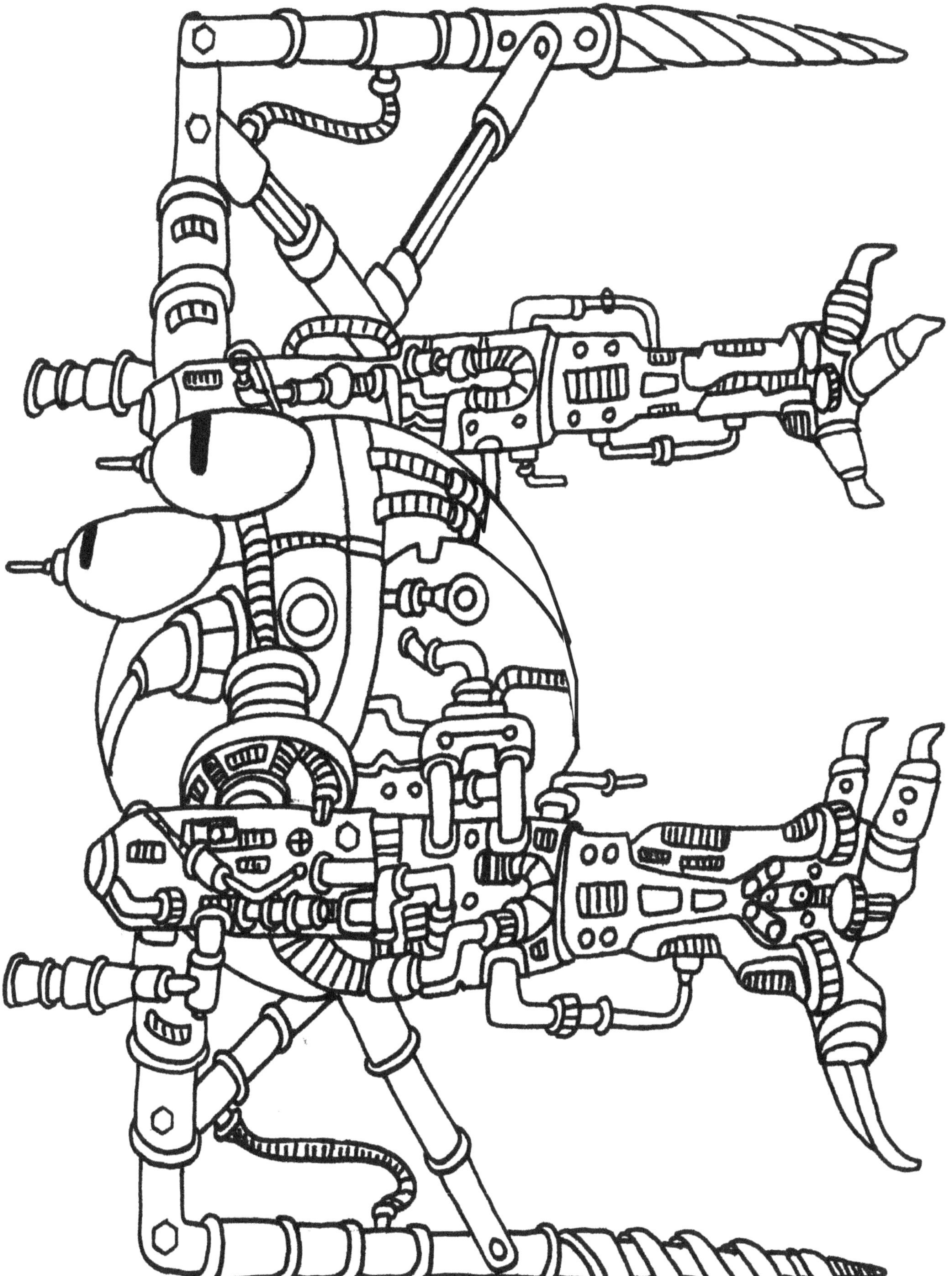

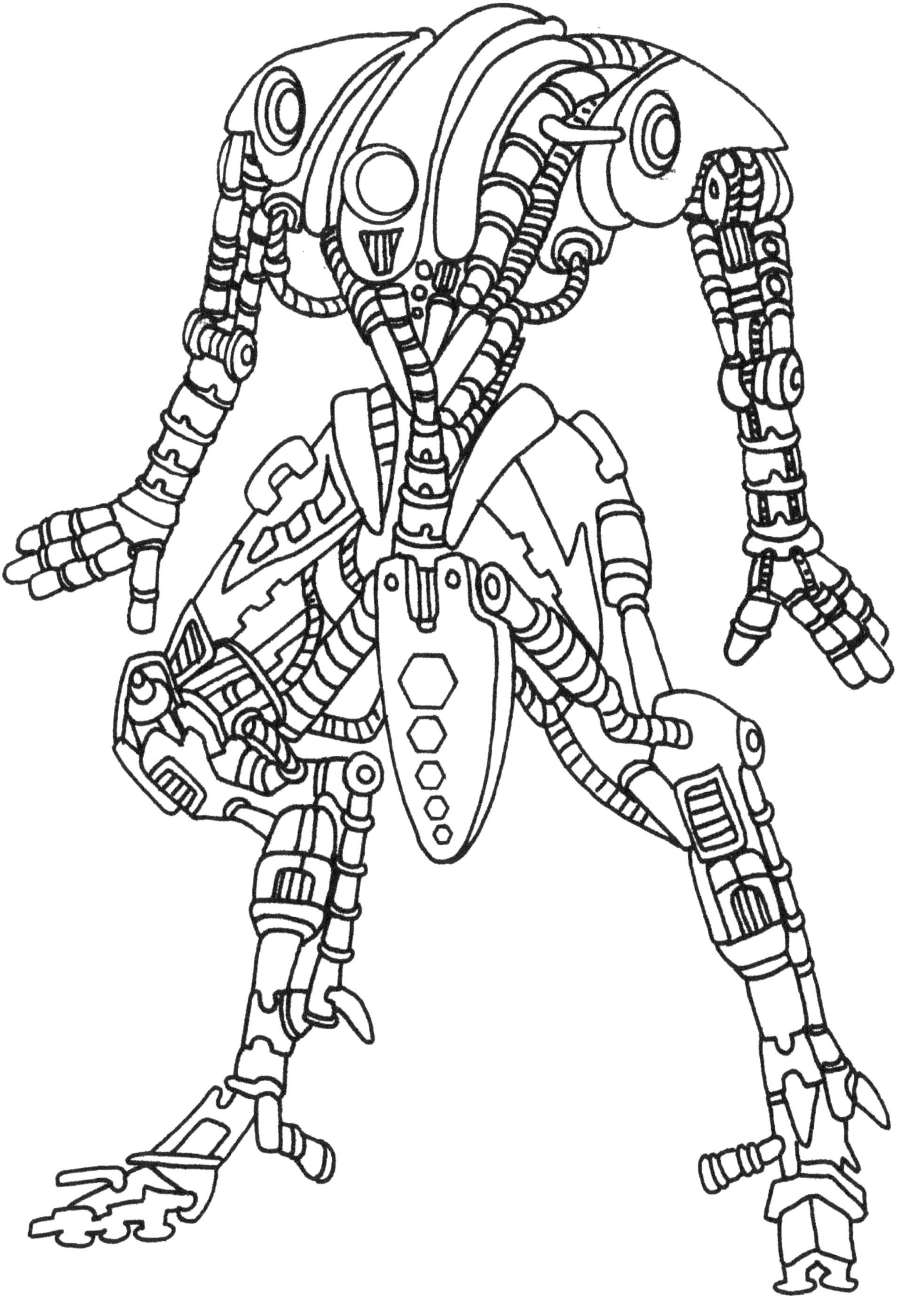

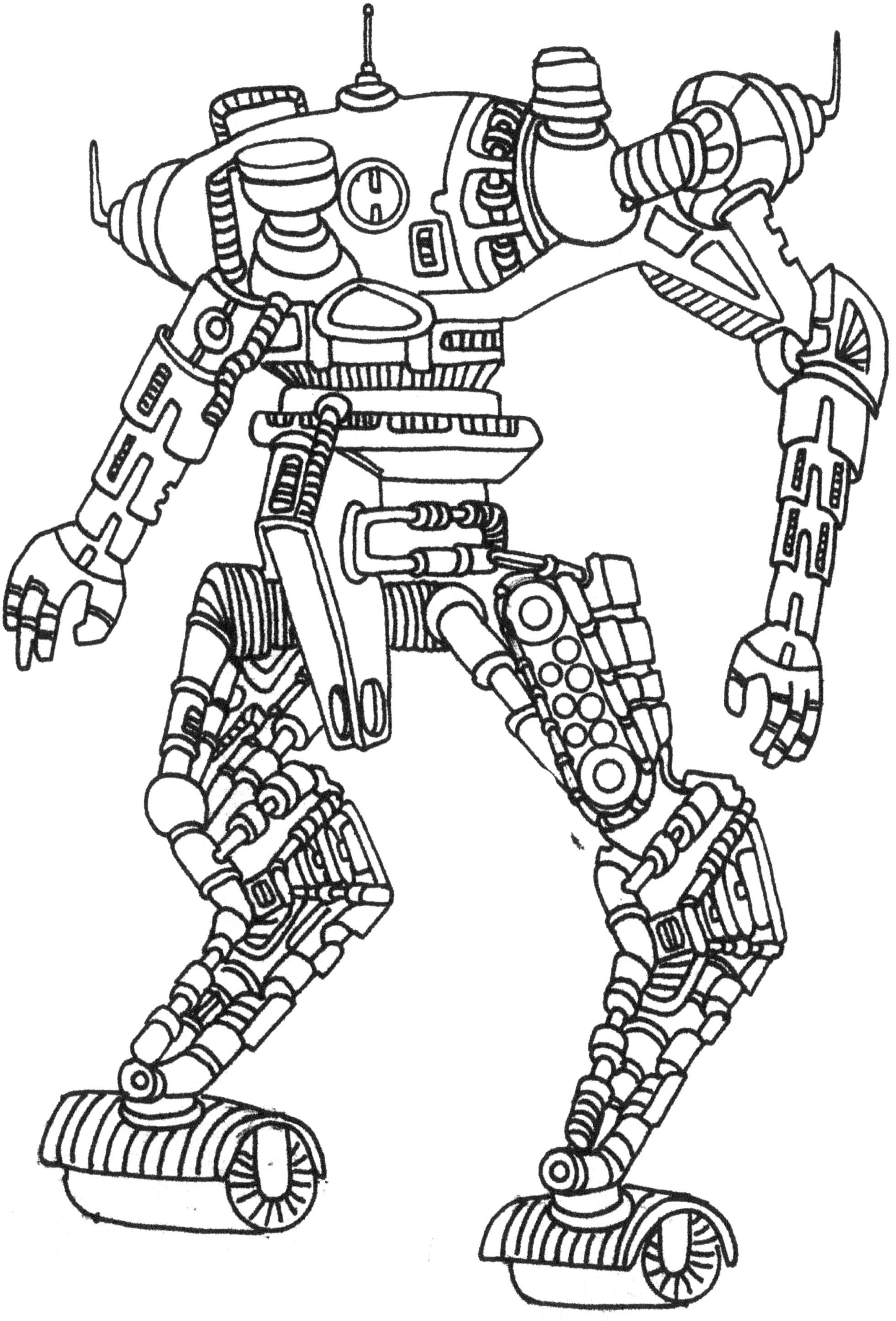

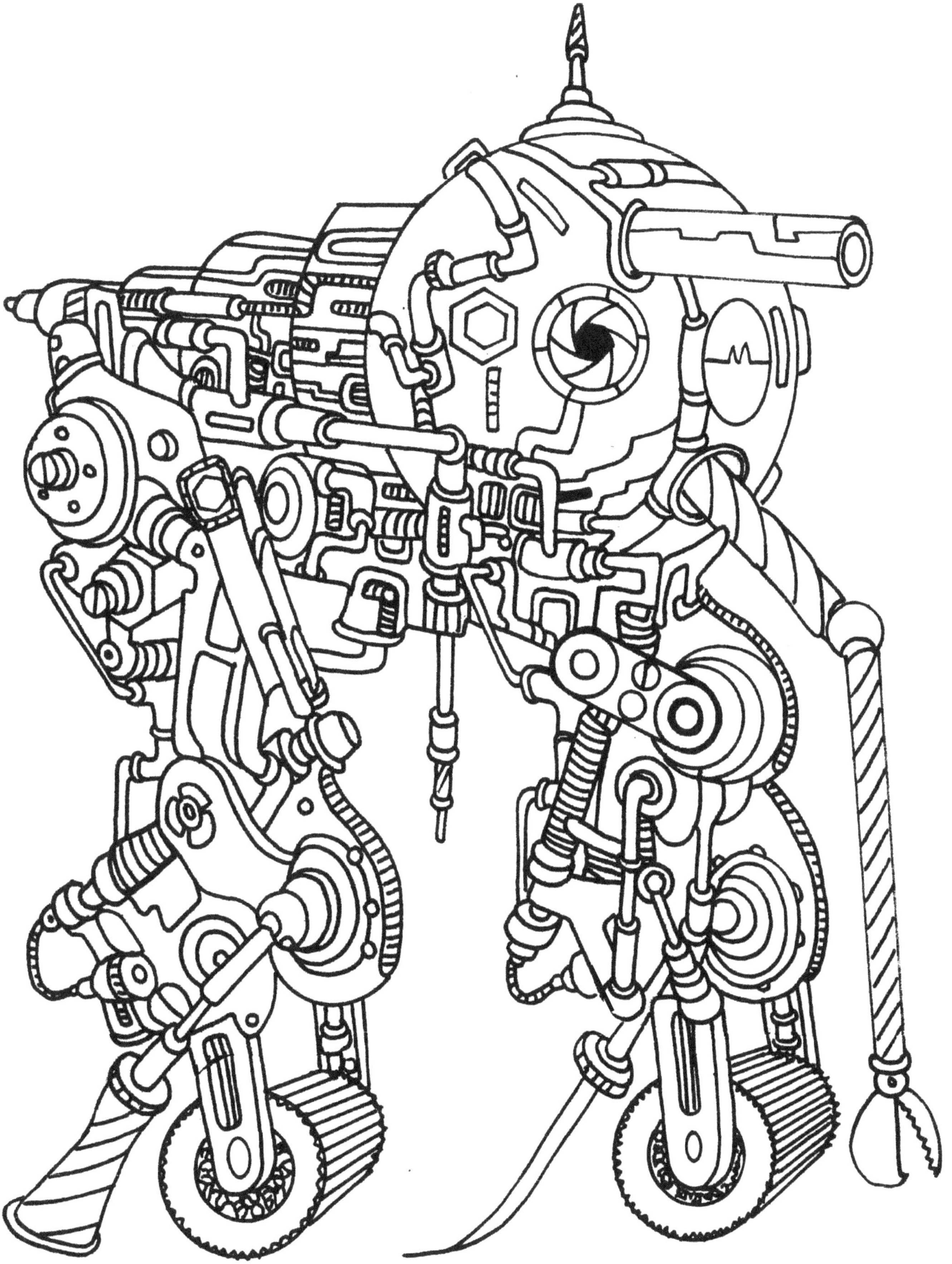

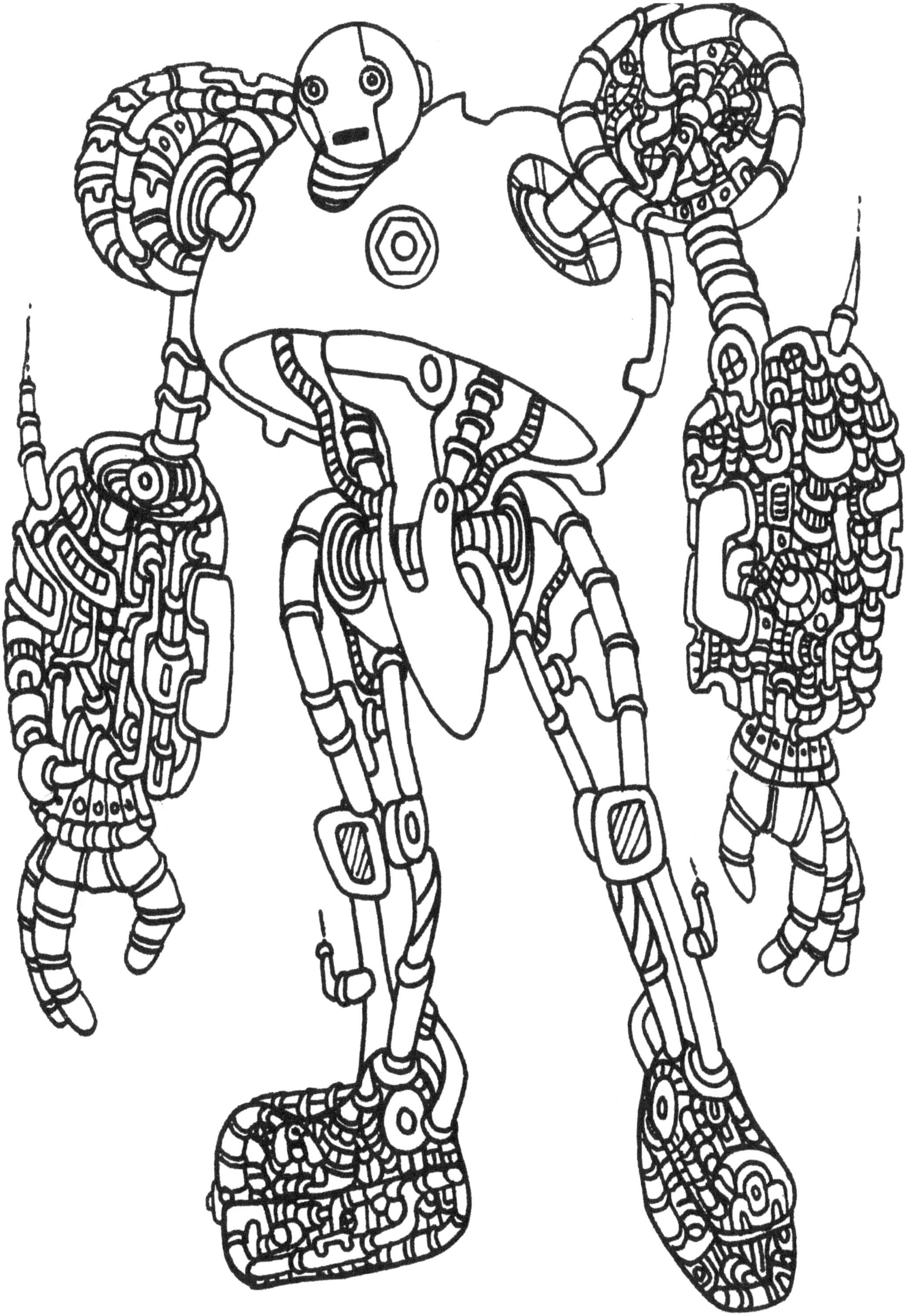

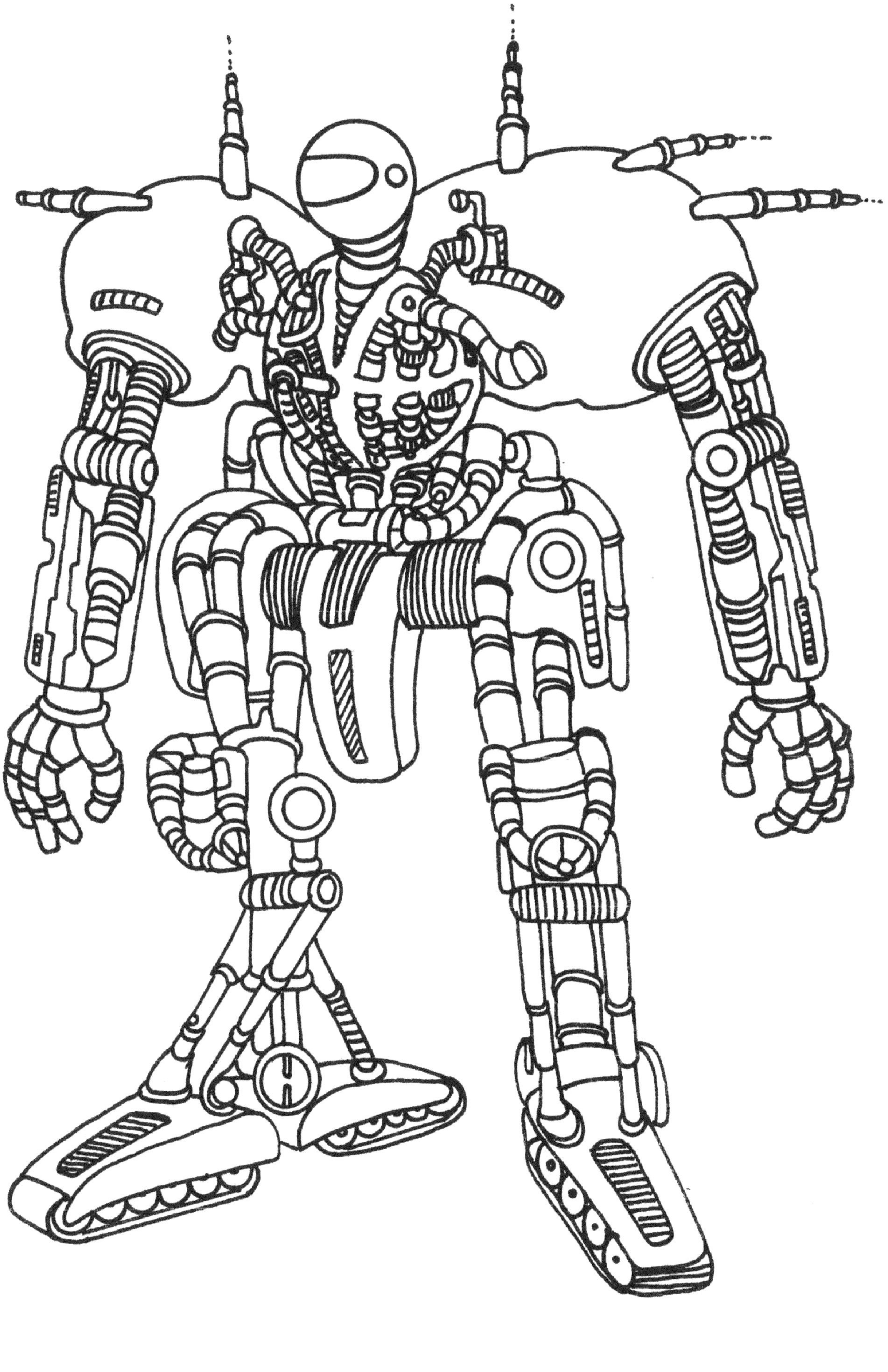

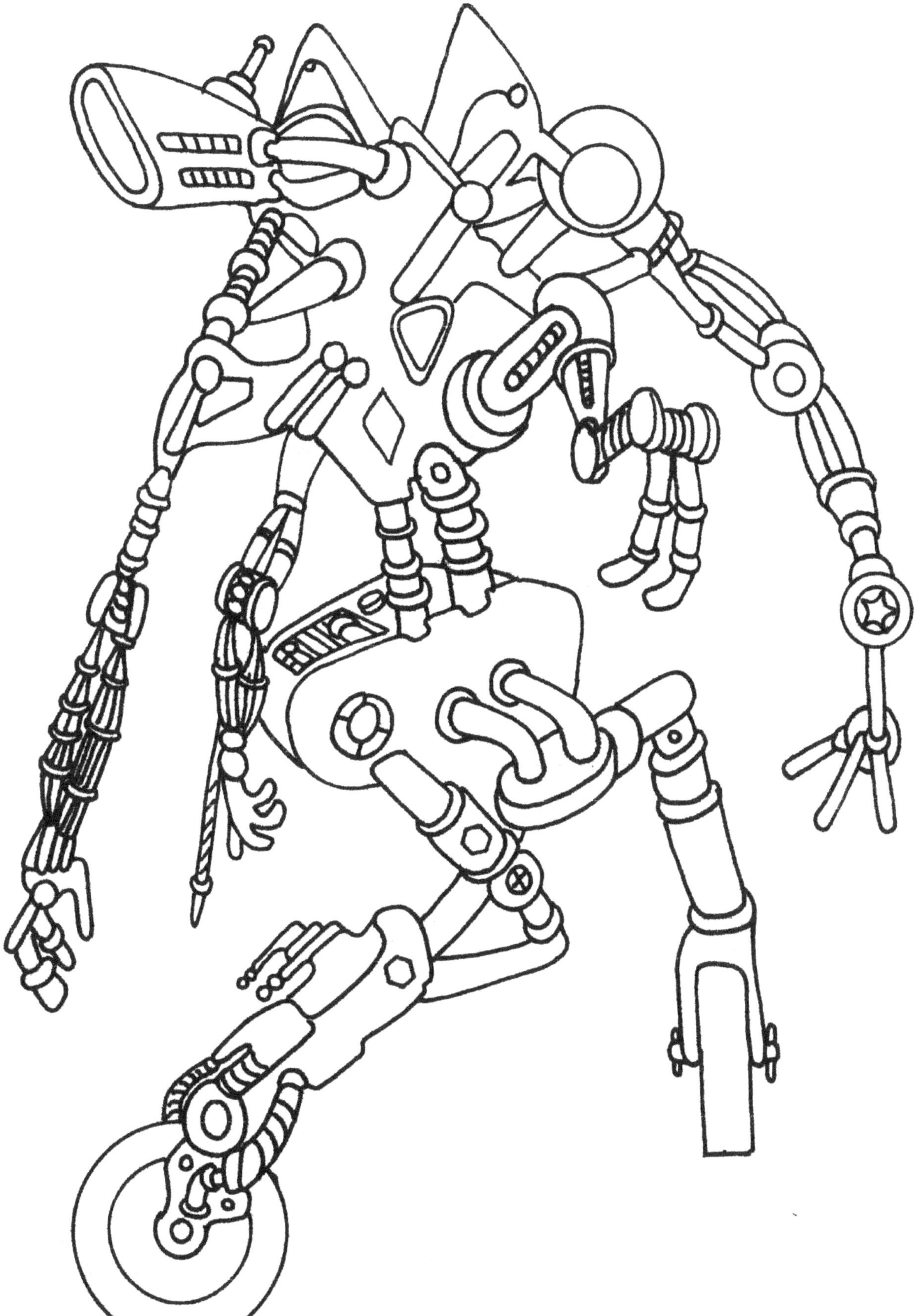

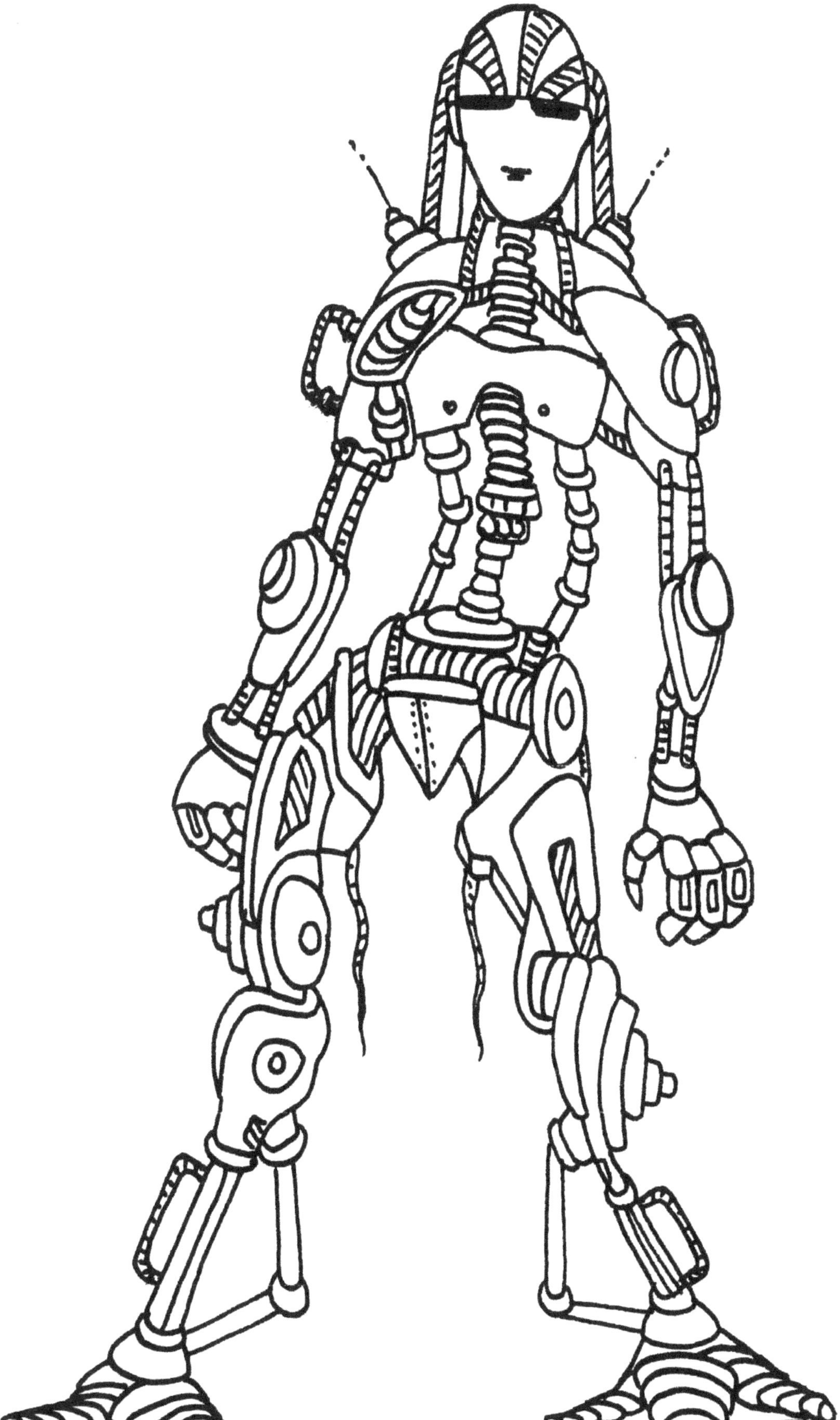

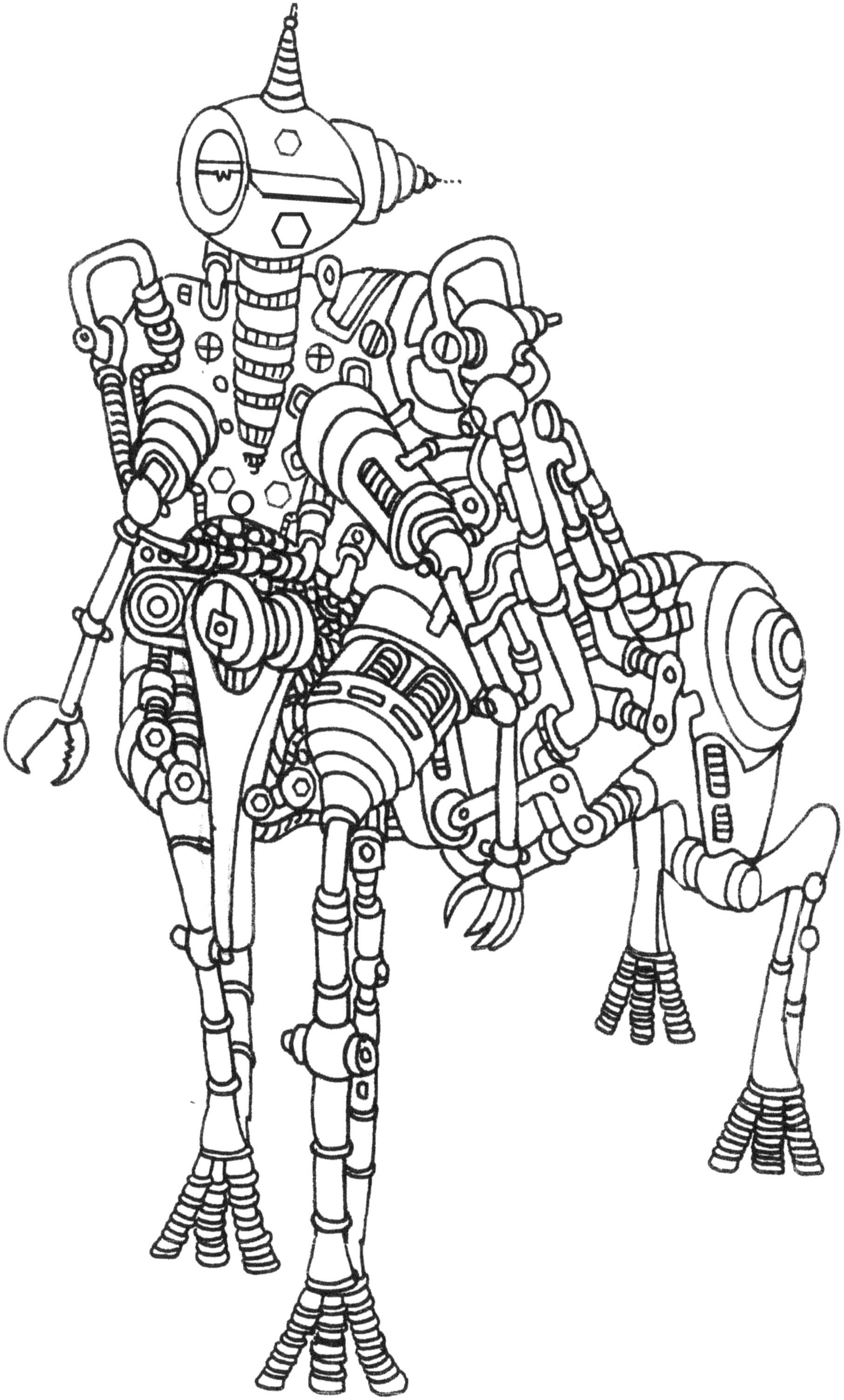

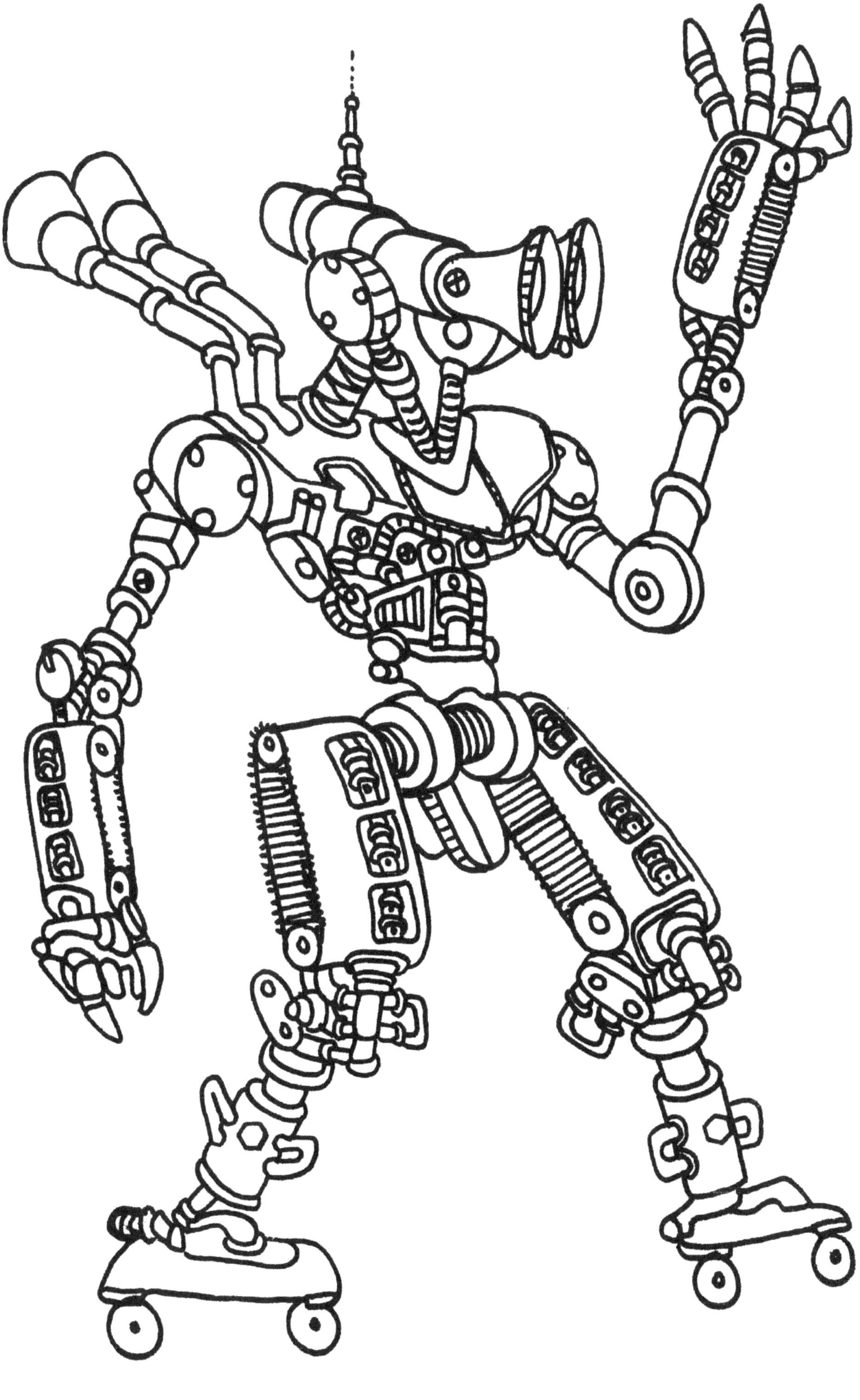

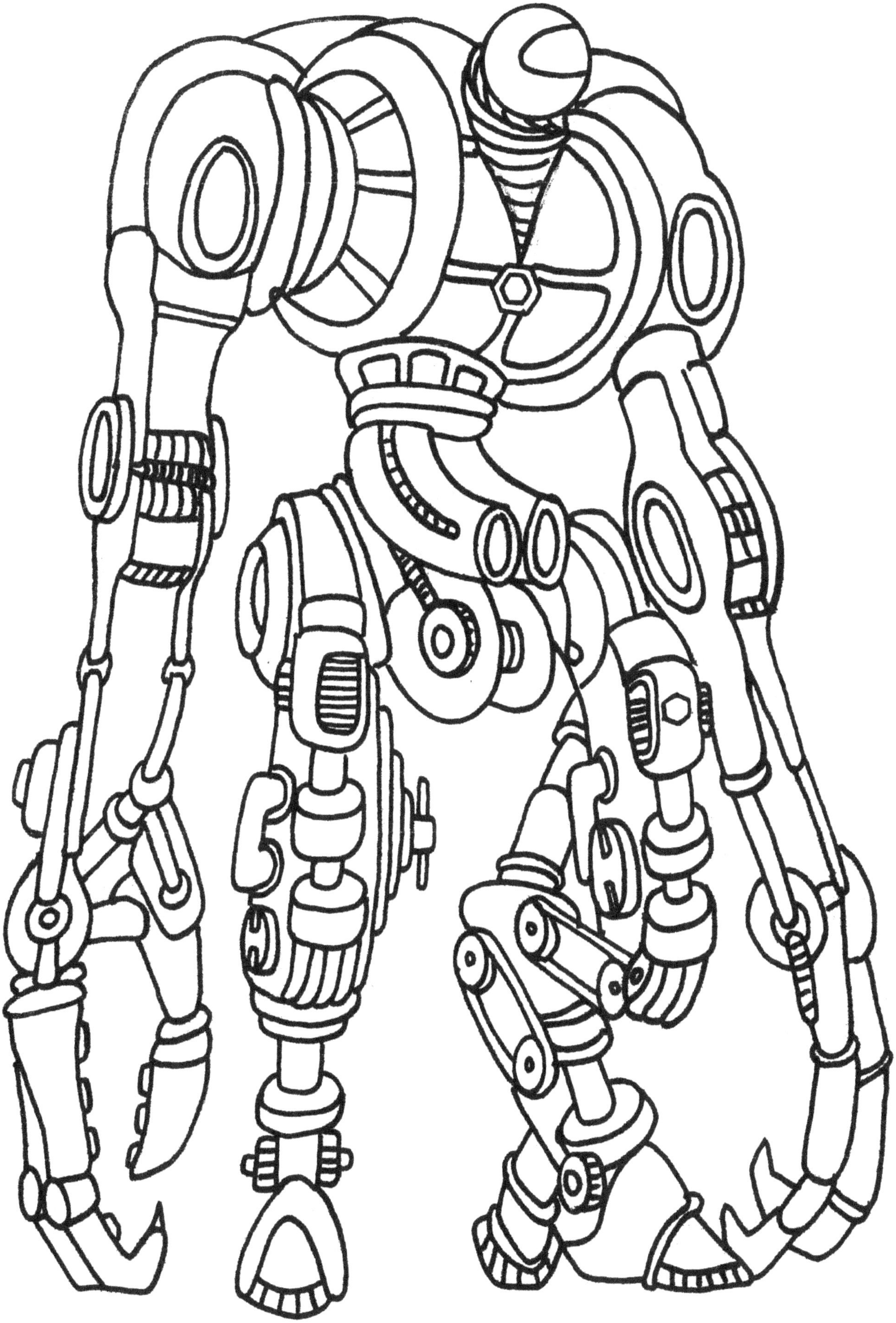

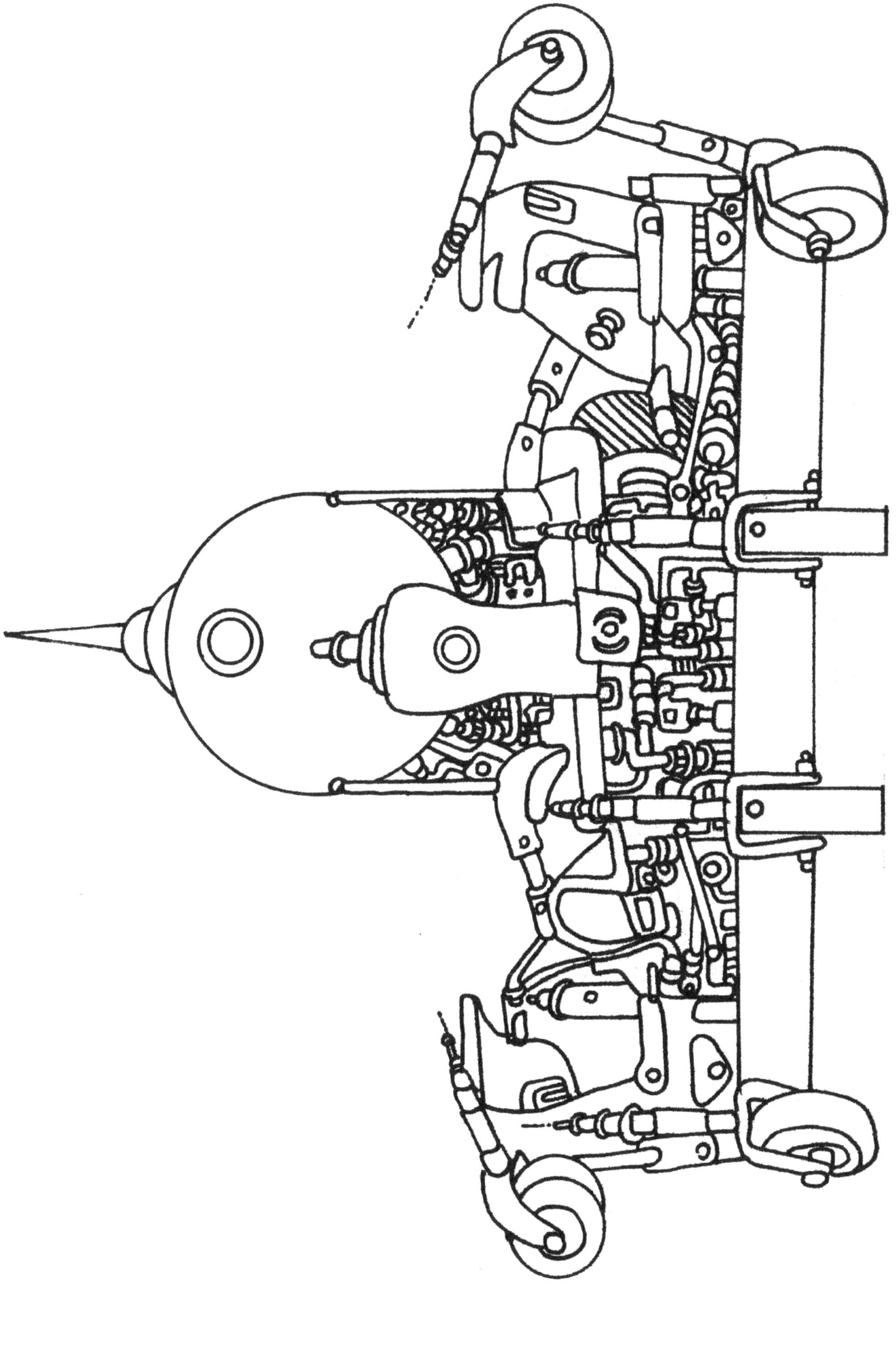

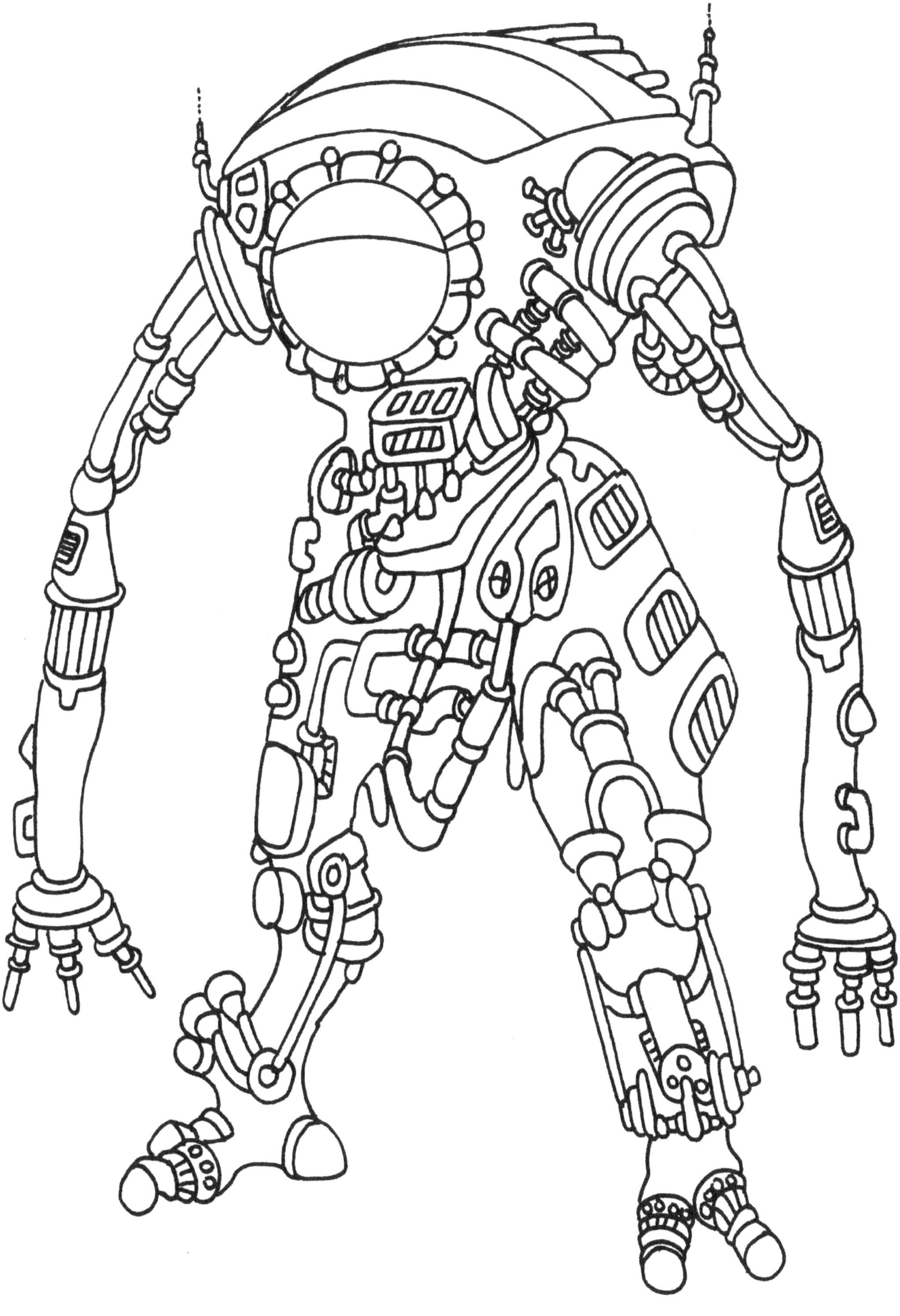

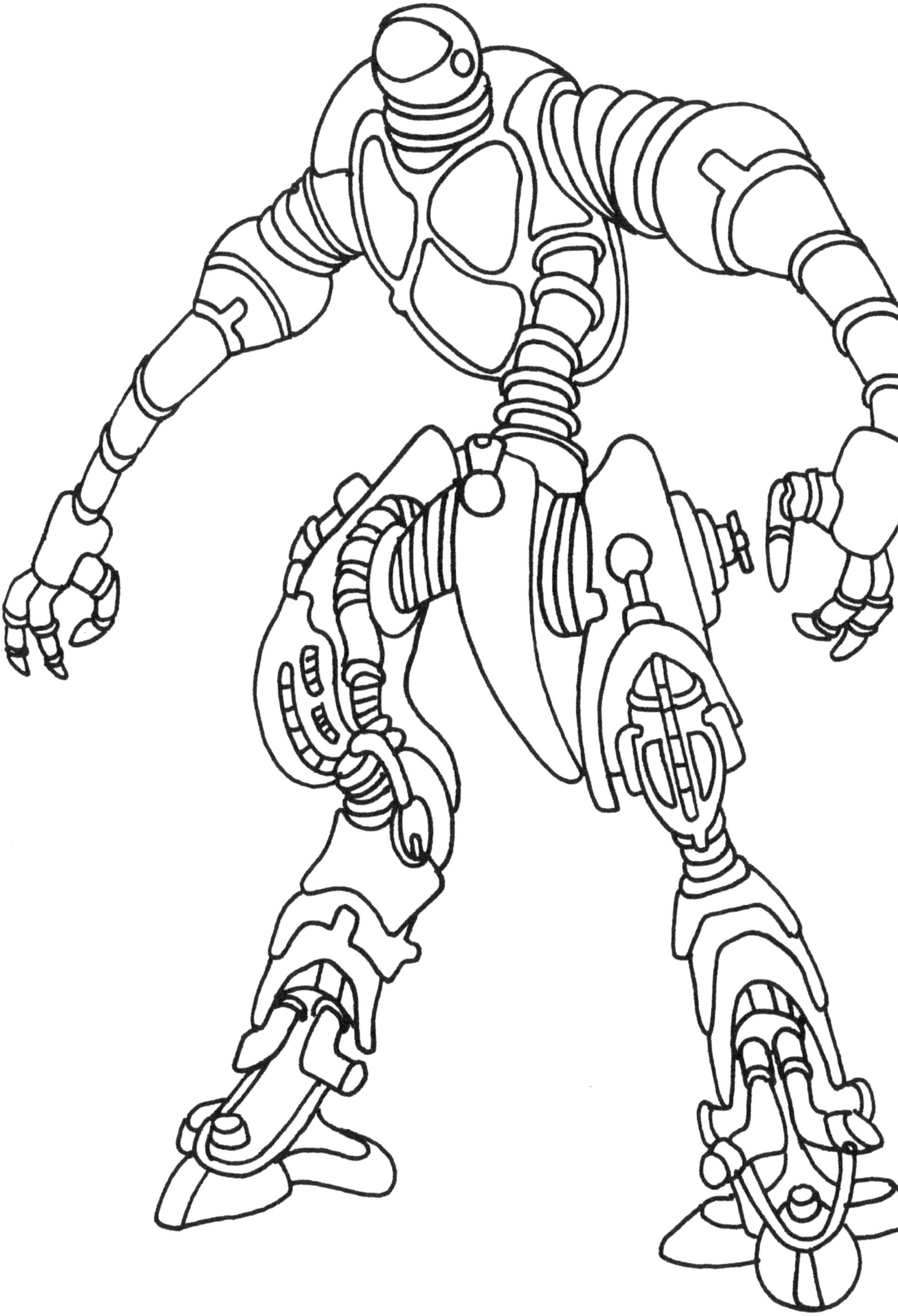

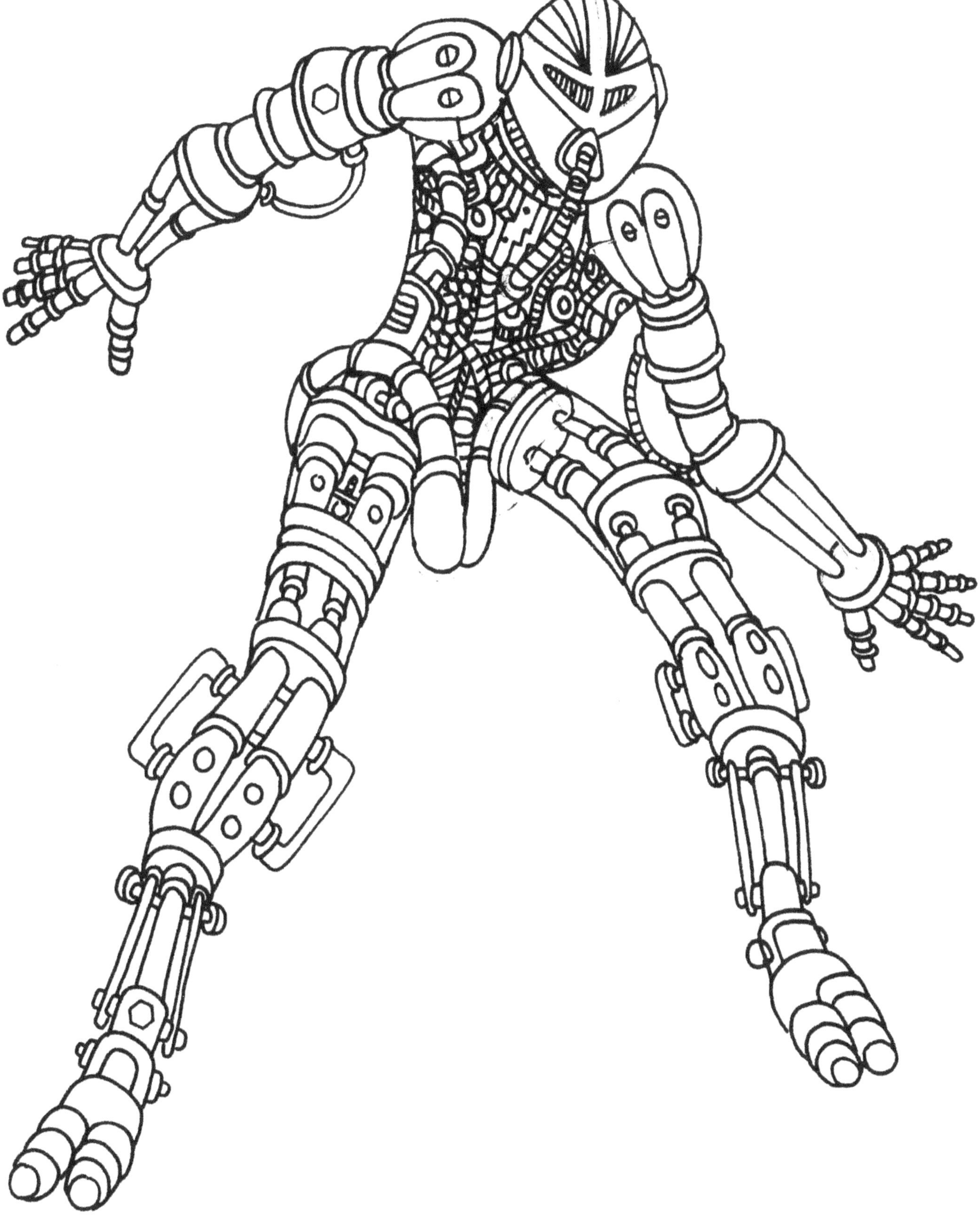

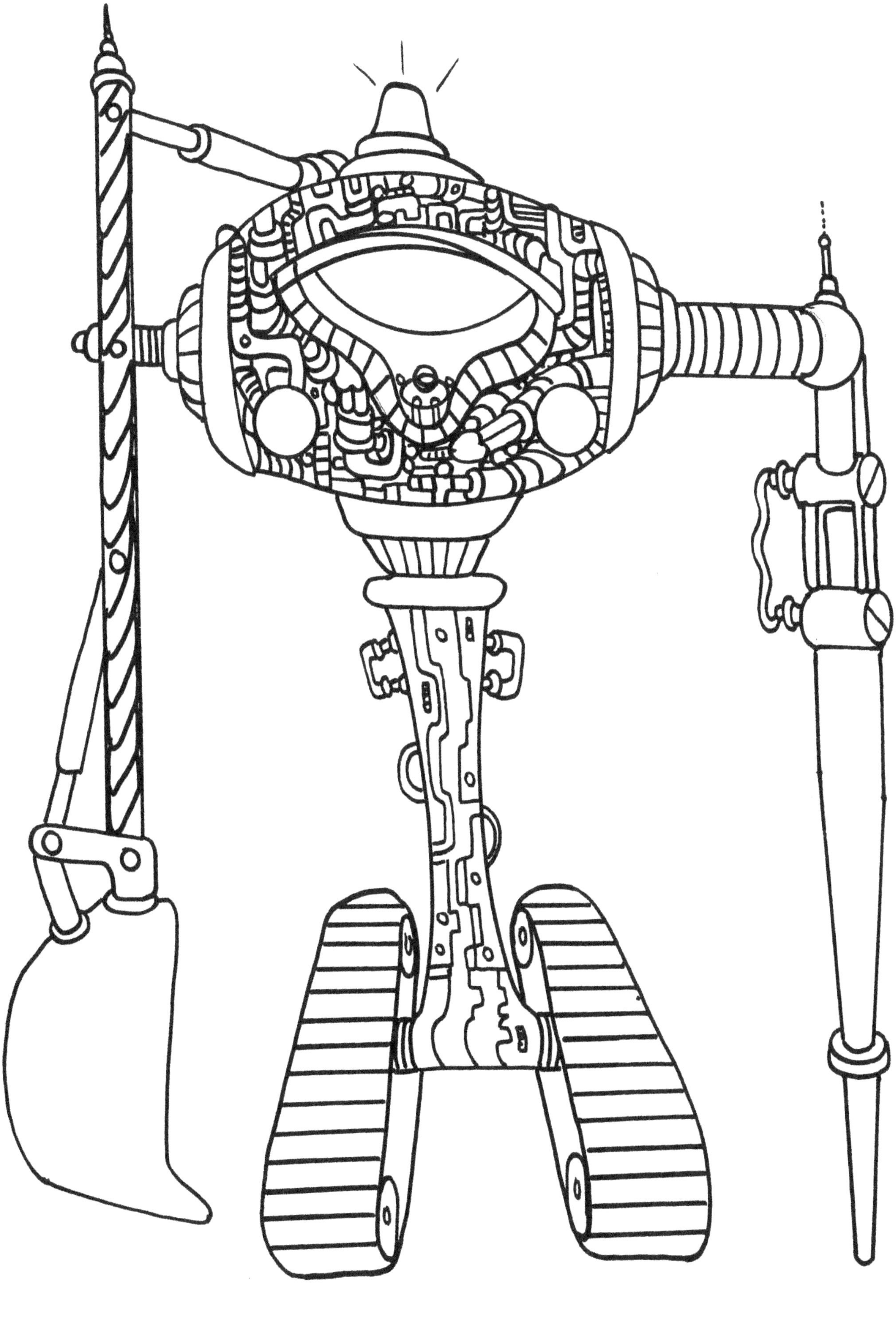

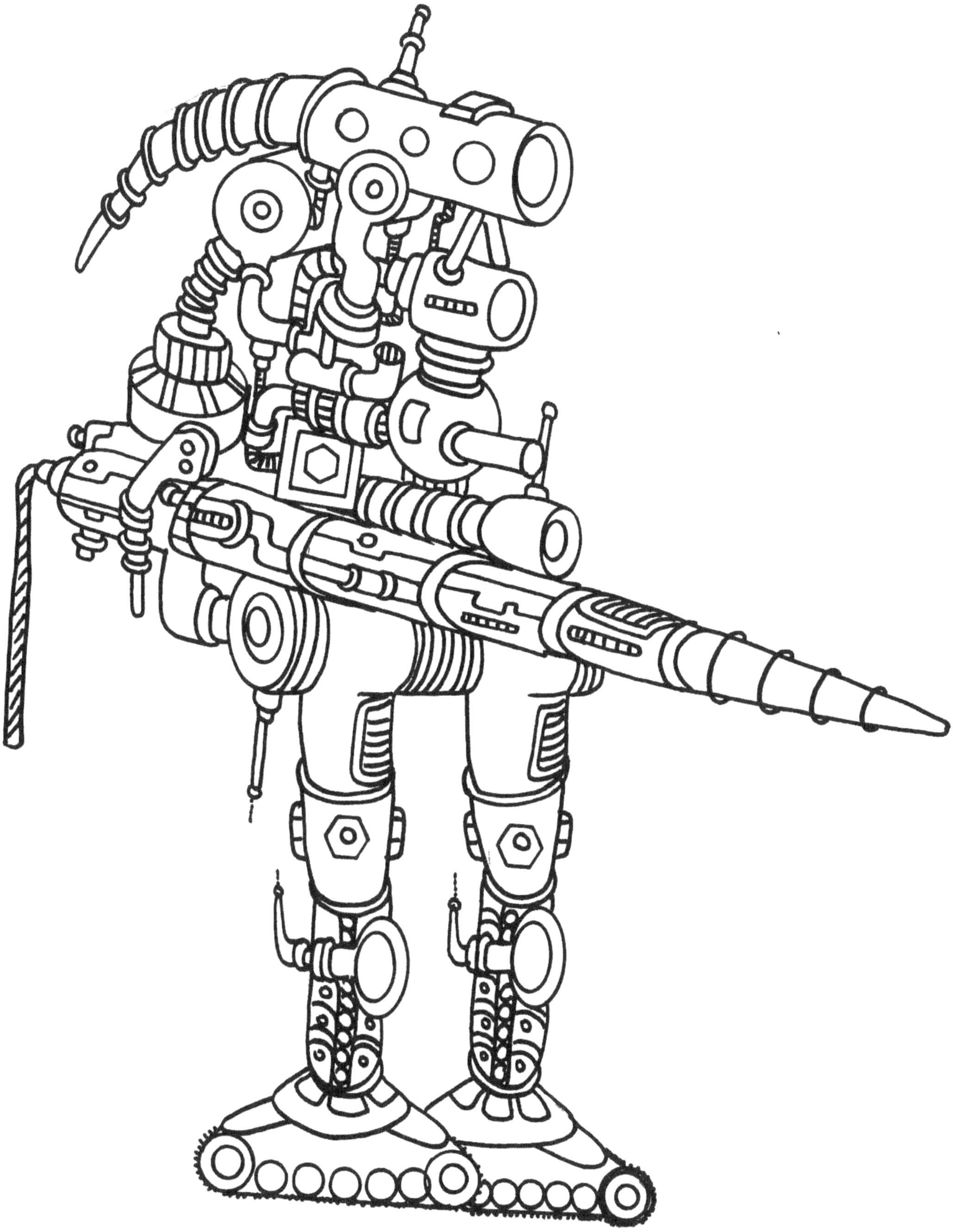

www.ingramcontent.com/pod-product-compliance
Lightning Source LLC
Chambersburg PA
CBHW081307180526
45170CB00007B/2594
* 9 7 8 1 5 4 7 0 6 6 6 2 9 *